사랑을 담아 ______________ 에게 드립니다.

약속 말씀

위로의 말씀을 만나다

평안을 너희에게 끼치노니
곧 나의 평안을 너희에게 주노라
내가 너희에게 주는 것은
세상이 주는 것 같지 아니하니라
너희는 마음에 근심하지도 말고
두려워하지도 말라

요한복음 14장 27절

주 여호와는 나의 힘이시라
나의 발을 사슴과 같게 하사
나를 나의 높은 곳으로
다니게 하시리로다

하박국 3장 19절

무릇 하나님께로부터 난 자마다
세상을 이기느니라
세상을 이기는 승리는 이것이니
우리의 믿음이니라

요한일서 5장 4절

공중의 새를 보라
심지도 않고 거두지도 않고
창고에 모아 들이지도 아니하되
너희 하늘 아버지께서 기르시나니
너희는 이것들보다 귀하지 아니하냐

마태복음 6장 26절

내가 네 사업과 사랑과 믿음과
섬김과 인내를 아노니
네 나중 행위가 처음 것보다 많도다

요한계시록 2장 19절

너희에 대하여는 우리가 명한 것을
너희가 행하고 또 행할 줄을
우리가 주 안에서 확신하노니
주께서 너희 마음을 인도하여
하나님의 사랑과 그리스도의 인내에
들어가게 하시기를 원하노라

데살로니가후서 3장 4-5절

내 영혼아 네가 어찌하여 낙심하며
어찌하여 내 속에서 불안해하는가
너는 하나님께 소망을 두라
나는 그가 나타나 도우심으로 말미암아
내 하나님을 여전히 찬송하리로다

시편 42편 11절

내 형제들아
너희가 여러 가지 시험을 당하거든
온전히 기쁘게 여기라
이는 너희 믿음의 시련이
인내를 만들어 내는 줄 너희가 앎이라
인내를 온전히 이루라
이는 너희로 온전하고 구비하여
조금도 부족함이 없게 하려 함이라

야고보서 1장 2-4절

자녀이면 또한 상속자
곧 하나님의 상속자요
그리스도와 함께한 상속자니
우리가 그와 함께 영광을 받기 위하여
고난도 함께 받아야 할 것이니라
생각하건대 현재의 고난은
장차 우리에게 나타날 영광과
비교할 수 없느니라

로마서 8장 17-18절

여호와께서 그의 앞으로 지나시며
선포하시되 여호와라 여호와라
자비롭고 은혜롭고 노하기를 더디하고
인자와 진실이 많은 하나님이라

출애굽기 34장 6절

이는 보좌 가운데에 계신 어린양이
그들의 목자가 되사 생명수 샘으로
인도하시고 하나님께서 그들의 눈에서
모든 눈물을 씻어 주실 것임이라

요한계시록 7장 17절

네 하나님 여호와께서
너를 인도하여 내실 때에
네가 본 큰 시험과 이적과 기사와
강한 손과 편 팔을 기억하라
네 하나님 여호와께서
네가 두려워하는 모든 민족에게
그와 같이 행하실 것이요

신명기 7장 19절

여호와를 경외하는 자에게는
견고한 의뢰가 있나니
그 자녀들에게 피난처가 있으리라
여호와를 경외하는 것은 생명의 샘이니
사망의 그물에서 벗어나게 하느니라

잠언 14장 26-27절

한나가 기도하여 이르되
내 마음이 여호와로 말미암아 즐거워하며
내 뿔이 여호와로 말미암아
높아졌으며 내 입이 내 원수들을 향하여
크게 열렸으니 이는 내가 주의 구원으로
말미암아 기뻐함이니이다
여호와와 같이 거룩하신 이가 없으시니
이는 주밖에 다른 이가 없고
우리 하나님 같은 반석도 없으심이니이다

사무엘상 2장 1-2절

하나님이 이르시되
그가 나를 사랑한즉 내가 그를 건지리라
그가 내 이름을 안즉 내가 그를 높이리라
그가 내게 간구하리니
내가 그에게 응답하리라
그들이 환난 당할 때에
내가 그와 함께하여 그를 건지고
영화롭게 하리라

시편 91편 14-15절

또 여호와의 구원하심이
칼과 창에 있지 아니함을
이 무리에게 알게 하리라
전쟁은 여호와께 속한 것인즉
그가 너희를 우리 손에 넘기시리라

사무엘상 17장 47절

이것을 너희에게 이르는 것은 너희로
내 안에서 평안을 누리게 하려 함이라
세상에서는 너희가 환난을 당하나
담대하라 내가 세상을 이기었노라

요한복음 16장 33절

우리 주 예수 그리스도로 말미암아
우리에게 승리를 주시는
하나님께 감사하노니
그러므로 내 사랑하는 형제들아
견실하며 흔들리지 말고
항상 주의 일에 더욱 힘쓰는 자들이 되라
이는 너희 수고가 주 안에서
헛되지 않은 줄 앎이라

고린도전서 15장 57-58절

네가 가는 모든 곳에서
내가 너와 함께 있어 네 모든 원수를
네 앞에서 멸하였은즉
땅에서 위대한 자들의 이름같이
네 이름을 위대하게 만들어 주리라

사무엘하 7장 9절

나의 하나님이여
귀를 기울여 들으시며
눈을 떠서 우리의 황폐한 상황과
주의 이름으로 일컫는 성을 보옵소서
우리가 주 앞에 간구하옵는 것은
우리의 공의를 의지하여 하는 것이 아니요
주의 큰 긍휼을 의지하여 함이니이다

다니엘 9장 18절

우리가 환난 당하는 것도 너희가
위로와 구원을 받게 하려는 것이요
우리가 위로를 받는 것도
너희가 위로를 받게 하려는 것이니
이 위로가 너희 속에 역사하여
우리가 받는 것 같은 고난을
너희도 견디게 하느니라

고린도후서 1장 6절

이스라엘의 하나님이 말씀하시며
이스라엘의 반석이 내게 이르시기를
사람을 공의로 다스리는 자,
하나님을 경외함으로 다스리는 자여
그는 돋는 해의 아침 빛 같고
구름 없는 아침 같고
비 내린 후의 광선으로 땅에서 움이 돋는
새 풀 같으니라 하시도다

사무엘하 23장 3-4절

그러므로 너희가 이제
여러 가지 시험으로 말미암아
잠깐 근심하게 되지 않을 수 없으나
오히려 크게 기뻐하는도다
너희 믿음의 확실함은
불로 연단하여도 없어질
금보다 더 귀하여
예수 그리스도께서 나타나실 때에
칭찬과 영광과 존귀를 얻게 할 것이니라

베드로전서 1장 6-7절

여호와께서 너를 지켜
모든 환난을 면하게 하시며
또 네 영혼을 지키시리로다
여호와께서 너의 출입을 지금부터
영원까지 지키시리로다

시편 121편 7-8절

이 전쟁에는 너희가 싸울 것이 없나니
대열을 이루고 서서 너희와 함께한
여호와가 구원하는 것을 보라
유다와 예루살렘아
너희는 두려워하지 말며
놀라지 말고 내일 그들을 맞서 나가라
여호와가 너희와 함께하리라
하셨느니라 하매

역대하 20장 17절

그러나 내가 가는 길을 그가 아시나니
그가 나를 단련하신 후에는
내가 순금같이 되어 나오리라

욥기 23장 10절

그러나 주께 피하는 모든 사람은
다 기뻐하며 주의 보호로 말미암아
영원히 기뻐 외치고
주의 이름을 사랑하는 자들은
주를 즐거워하리이다

시편 5편 11절

여호와께서는 너희를 자기 백성으로
삼으신 것을 기뻐하셨으므로
여호와께서는 그의 크신 이름을 위해서라도
자기 백성을 버리지 아니하실 것이요

사무엘상 12장 22절

은총의 표적을 내게 보이소서
그러면 나를 미워하는 그들이 보고
부끄러워하오리니 여호와여 주는 나를
돕고 위로하시는 이시니이다

시편 86편 17절

야베스가
이스라엘 하나님께 아뢰어 이르되
주께서 내게 복을 주시려거든
나의 지역을 넓히시고 주의 손으로
나를 도우사 나로 환난을 벗어나
내게 근심이 없게 하옵소서 하였더니
하나님이 그가 구하는 것을 허락하셨더라

역대상 4장 10절

내가 사망의 음침한 골짜기로
다닐지라도 해를 두려워하지 않을 것은
주께서 나와 함께하심이라
주의 지팡이와 막대기가
나를 안위하시나이다

시편 23편 4절

너희가 전에는 백성이 아니더니
이제는 하나님의 백성이요
전에는 긍휼을 얻지 못하였더니
이제는 긍휼을 얻은 자니라

베드로전서 2장 10절

여호와께서 사람의 걸음을 정하시고
그의 길을 기뻐하시나니
그는 넘어지나 아주 엎드러지지 아니함은
여호와께서 그의 손으로 붙드심이로다

시편 37편 23-24절

이스라엘이여 너는 행복한 사람이로다
여호와의 구원을 너같이 얻은 백성이
누구냐 그는 너를 돕는 방패시요
네 영광의 칼이시로다
네 대적이 네게 복종하리니
네가 그들의 높은 곳을 밟으리로다

신명기 33장 29절

이르시기를 너희는 가만히 있어
내가 하나님 됨을 알지어다
내가 뭇 나라 중에서 높임을 받으리라
내가 세계 중에서 높임을
받으리라 하시도다
만군의 여호와께서 우리와 함께하시니
야곱의 하나님은 우리의 피난처시로다

시편 46편 10-11절

주께 힘을 얻고 그 마음에
시온의 대로가 있는 자는 복이 있나이다
그들이 눈물 골짜기로 지나갈 때에
그곳에 많은 샘이 있을 것이며
이른 비가 복을 채워 주나이다

시편 84편 5-6절

가난한 자를 진토에서 일으키시며
빈궁한 자를 거름더미에서 올리사
귀족들과 함께 앉게 하시며
영광의 자리를 차지하게 하시는도다
땅의 기둥들은 여호와의 것이라
여호와께서 세계를
그것들 위에 세우셨도다

사무엘상 2장 8절

지극히 존귀하며 영원히 거하시며
거룩하다 이름하는 이가
이와 같이 말씀하시되
내가 높고 거룩한 곳에 있으며
또한 통회하고 마음이 겸손한 자와
함께 있나니 이는 겸손한 자의 영을
소생시키며 통회하는 자의 마음을
소생시키려 함이라

이사야 57장 15절

실로 내가 내 영혼으로 고요하고
평온하게 하기를 젖 뗀 아이가
그의 어머니 품에 있음 같게 하였나니
내 영혼이 젖 뗀 아이와 같도다
이스라엘아 지금부터 영원까지
여호와를 바랄지어다

시편 131편 2-3절

여호와께서 야곱을 구원하시되
그들보다 강한 자의 손에서 속량하셨으니
그들이 와서 시온의 높은 곳에서
찬송하며 여호와의 복 곧 곡식과
새 포도주와 기름과 어린 양의 떼와
소의 떼를 얻고 크게 기뻐하리라
그 심령은 물 댄 동산 같겠고
다시는 근심이 없으리로다 할지어다

예레미야 31장 11-12절

보라 하나님은 나의 구원이시라
내가 신뢰하고 두려움이 없으리니
주 여호와는 나의 힘이시며
나의 노래시며 나의 구원이심이라
그러므로 너희가 기쁨으로
구원의 우물들에서 물을 길으리로다

이사야 12장 2-3절

여호와의 이름은
견고한 망대라 의인은 그리로 달려가서
안전함을 얻느니라

잠언 18장 10절

여호와는 그를 경외하는 자
곧 그의 인자하심을 바라는 자를 살피사
그들의 영혼을 사망에서 건지시며
그들이 굶주릴 때에 그들을 살리시는도다

시편 33편 18-19절

그러나 여호와께서 기다리시나니
이는 너희에게 은혜를 베풀려 하심이요
일어나시리니 이는 너희를 긍휼히
여기려 하심이라 대저 여호와는
정의의 하나님이심이라
그를 기다리는 자마다 복이 있도다

이사야 30장 18절

여호와의 말씀이니라
너희를 향한 나의 생각을 내가 아나니
평안이요 재앙이 아니니라
너희에게 미래와 희망을 주는 것이니라
너희가 내게 부르짖으며
내게 와서 기도하면
내가 너희들의 기도를 들을 것이요
너희가 온 마음으로 나를 구하면
나를 찾을 것이요 나를 만나리라

예레미야 29장 11-13절

두려워하지 말라
내가 너와 함께함이라
놀라지 말라
나는 네 하나님이 됨이라
내가 너를 굳세게 하리라
참으로 너를 도와주리라
참으로 나의 의로운 오른손으로
너를 붙들리라

이사야 41장 10절

나는 오직 주의 사랑을 의지하였사오니
나의 마음은 주의 구원을 기뻐하리이다
내가 여호와를 찬송하리니
이는 주께서 내게 은덕을 베푸심이로다

시편 13편 5-6절

주와 같은 신이 어디 있으리이까
주께서는 죄악과 그 기업에 남은 자의
허물을 사유하시며 인애를 기뻐하시므로
진노를 오래 품지 아니하시나이다

미가 7장 18절

이제 인내와 위로의 하나님이
너희로 그리스도 예수를 본받아
서로 뜻이 같게 하여 주사
한마음과 한 입으로 하나님 곧
우리 주 예수 그리스도의 아버지께
영광을 돌리게 하려 하노라

로마서 15장 5-6절

어머니가 자식을 위로함같이
내가 너희를 위로할 것인즉
너희가 예루살렘에서 위로를 받으리니
너희가 이를 보고 마음이 기뻐서
너희 뼈가 연한 풀의 무성함 같으리라
여호와의 손은 그의 종들에게 나타나겠고
그의 진노는 그의 원수에게 더하리라

이사야 66장 13-14절

오라 우리가 여호와께로 돌아가자
여호와께서 우리를 찢으셨으나
도로 낫게 하실 것이요
우리를 치셨으나 싸매어 주실 것임이라
여호와께서 이틀 후에 우리를 살리시며
셋째 날에 우리를 일으키시리니
우리가 그의 앞에서 살리라

호세아 6장 1-2절

그때에 여호와께서
자기의 땅을 극진히 사랑하시어
그의 백성을 불쌍히 여기실 것이라

요엘 2장 18절

내가 그들을 그들의 땅에 심으리니
그들이 내가 준 땅에서
다시 뽑히지 아니하리라
네 하나님 여호와의 말씀이니라

아모스 9장 15절

여호와께 구속 받은 자들이 돌아와
노래하며 시온으로 돌아오니
영원한 기쁨이 그들의 머리 위에 있고
슬픔과 탄식이 달아나리이다
이르시되 너희를 위로하는 자는
나 곧 나이니라 너는 어떠한 자이기에
죽을 사람을 두려워하며
풀같이 될 사람의 아들을 두려워하느냐

이사야 51장 11-12절

내가 고통 중에 여호와께 부르짖었더니
여호와께서 응답하시고
나를 넓은 곳에 세우셨도다
여호와는 내 편이시라
내가 두려워하지 아니하리니
사람이 내게 어찌할까
여호와께서 내 편이 되사
나를 돕는 자들 중에 계시니
그러므로 나를 미워하는 자들에게
보응하시는 것을 내가 보리로다

시편 118편 5-7절

너의 하나님 여호와가
너의 가운데에 계시니
그는 구원을 베푸실 전능자이시라
그가 너로 말미암아
기쁨을 이기지 못하시며
너를 잠잠히 사랑하시며
너로 말미암아 즐거이 부르며
기뻐하시리라 하리라

스바냐 3장 17절

자기 아들을 아끼지 아니하시고
우리 모든 사람을 위하여 내주신 이가
어찌 그 아들과 함께 모든 것을
우리에게 주시지 아니하겠느냐

로마서 8장 32절

애통하는 자는 복이 있나니
그들이 위로를 받을 것임이요

마태복음 5장 4절

그리스도께서 약하심으로
십자가에 못 박히셨으나
오직 하나님의 능력으로 살아 계시니
우리도 그 안에서 약하나 너희에 대하여
하나님의 능력으로 그와 함께 살리라

고린도후서 13장 4절

주의 인자하심으로
주께서 구속하신 백성을 인도하시되
주의 힘으로 그들을 주의 거룩한 처소에
들어가게 하시나이다

출애굽기 15장 13절

너는 그들을 두려워하지 말라
너희의 하나님 여호와 곧 크고 두려운
하나님이 너희 중에 계심이라

신명기 7장 21절

그런즉 너희는 먼저 그의 나라와
그의 의를 구하라
그리하면 이 모든 것을
너희에게 더하시리라

마태복음 6장 33절

평강의 주께서 친히 때마다 일마다
너희에게 평강을 주시고 주께서 너희
모든 사람과 함께하시기를 원하노라

데살로니가후서 3장 16절

여호와여
나의 발이 미끄러진다고 말할 때에
주의 인자하심이 나를 붙드셨사오며
내 속에 근심이 많을 때에 주의 위안이
내 영혼을 즐겁게 하시나이다

시편 94편 18-19절

여호와께서 그를 황무지에서,
짐승이 부르짖는 광야에서 만나시고
호위하시며 보호하시며
자기의 눈동자같이 지키셨도다
마치 독수리가 자기의 보금자리를
어지럽게 하며 자기의 새끼 위에
너풀거리며 그의 날개를 펴서
새끼를 받으며 그의 날개 위에
그를 업는 것같이
여호와께서 홀로 그를 인도하셨고
그와 함께한 다른 신이 없었도다

신명기 32장 10-12절

수고하고 무거운 짐 진 자들아
다 내게로 오라
내가 너희를 쉬게 하리라
나는 마음이 온유하고 겸손하니
나의 멍에를 메고 내게 배우라
그리하면 너희 마음이 쉼을 얻으리니
이는 내 멍에는 쉽고
내 짐은 가벼움이라 하시니라

마태복음 11장 28-30절

하나님이 능히 모든 은혜를
너희에게 넘치게 하시나니
이는 너희로 모든 일에 항상 모든 것이
넉넉하여 모든 착한 일을
넘치게 하게 하려 하심이라

고린도후서 9장 8절

내가 아버지께 구하겠으니
그가 또 다른 보혜사를 너희에게 주사
영원토록 너희와 함께 있게 하리니

요한복음 14장 16절

여호와는 나의 힘과 나의 방패이시니
내 마음이 그를 의지하여
도움을 얻었도다
그러므로 내 마음이 크게 기뻐하며
내 노래로 그를 찬송하리로다

시편 28편 7절

성도들의 인내가 여기 있나니
그들은 하나님의 계명과 예수에 대한
믿음을 지키는 자니라

요한계시록 14장 12절

너희가 나를 택한 것이 아니요
내가 너희를 택하여 세웠나니
이는 너희로 가서 열매를 맺게 하고
또 너희 열매가 항상 있게 하여
내 이름으로 아버지께 무엇을 구하든지
다 받게 하려 함이라

요한복음 15장 16절

주 여호와여 주는 나의 소망이시요
내가 어릴 때부터 신뢰한 이시라
내가 모태에서부터 주를 의지하였으며
나의 어머니의 배에서부터
주께서 나를 택하셨사오니
나는 항상 주를 찬송하리이다

시편 71편 5-6절

다만 이뿐 아니라
우리가 환난 중에도 즐거워하나니
이는 환난은 인내를, 인내는 연단을,
연단은 소망을 이루는 줄 앎이로다
소망이 우리를 부끄럽게 하지 아니함은
우리에게 주신 성령으로 말미암아
하나님의 사랑이 우리 마음에
부은 바 됨이니

로마서 5장 3-5절

너는 여호와를 기다릴지어다
강하고 담대하며
여호와를 기다릴지어다

시편 27편 14절

여호와의 말씀에 가련한 자들의 눌림과
궁핍한 자들의 탄식으로 말미암아
내가 이제 일어나 그를 그가 원하는
안전한 지대에 두리라 하시도다

시편 12편 5절

눈물을 흘리며 씨를 뿌리는 자는
기쁨으로 거두리로다
울며 씨를 뿌리러 나가는 자는
반드시 기쁨으로 그 곡식 단을 가지고
돌아오리로다

시편 126편 5-6절

여호와께서 요셉과 함께하시므로
그가 형통한 자가 되어 그의 주인
애굽 사람의 집에 있으니 그의 주인이
여호와께서 그와 함께하심을 보며
또 여호와께서 그의 범사에
형통하게 하심을 보았더라

창세기 39장 2-3절

너희 마음을 굳건하게 하시고
우리 주 예수께서
그의 모든 성도와 함께 강림하실 때에
하나님 우리 아버지 앞에서
거룩함에 흠이 없게 하시기를 원하노라

데살로니가전서 3장 13절

주께서 또 주의 구원의 방패를
내게 주시며 주의 온유함이
나를 크게 하셨나이다
내 걸음을 넓게 하셨고
내 발이 미끄러지지
아니하게 하셨나이다

사무엘하 22장 36-37절

이와 같이 성령도
우리의 연약함을 도우시나니
우리는 마땅히 기도할 바를 알지 못하나
오직 성령이 말할 수 없는 탄식으로
우리를 위하여 친히 간구하시느니라
마음을 살피시는 이가
성령의 생각을 아시나니
이는 성령이 하나님의 뜻대로
성도를 위하여 간구하심이니라

로마서 8장 26-27절

그리스도의 고난이
우리에게 넘친 것같이
우리가 받는 위로도
그리스도로 말미암아 넘치는도다

고린도후서 1장 5절

우리가 선을 행하되 낙심하지 말지니
포기하지 아니하면
때가 이르매 거두리라

갈라디아서 6장 9절

너희 안에서 착한 일을 시작하신 이가
그리스도 예수의 날까지 이루실 줄을
우리는 확신하노라

빌립보서 1장 6절

그가 시험을 받아 고난을 당하셨은즉
시험 받는 자들을
능히 도우실 수 있느니라

히브리서 2장 18절

너희는 약한 손을 강하게 하며
떨리는 무릎을 굳게 하며
겁내는 자들에게 이르기를 굳세어라,
두려워하지 말라,
보라 너희 하나님이 오사
보복하시며 갚아 주실 것이라
하나님이 오사 너희를 구하시리라 하라

이사야 35장 3-4절

지금은 너희가 근심하나
내가 다시 너희를 보리니
너희 마음이 기쁠 것이요
너희 기쁨을 빼앗을 자가 없으리라

요한복음 16장 22절

우리 주 예수 그리스도와
우리를 사랑하시고 영원한 위로와
좋은 소망을 은혜로 주신
하나님 우리 아버지께서
너희 마음을 위로하시고
모든 선한 일과 말에
굳건하게 하시기를 원하노라

데살로니가후서 2장 16-17절

나는 선한 싸움을 싸우고
나의 달려갈 길을 마치고
믿음을 지켰으니 이제 후로는
나를 위하여 의의 면류관이
예비되었으므로 주 곧 의로우신 재판장이
그날에 내게 주실 것이며
내게만 아니라 주의 나타나심을 사모하는
모든 자에게도니라

디모데후서 4장 7-8절

우리에게 있는 대제사장은
우리의 연약함을
동정하지 못하실 이가 아니요
모든 일에 우리와 똑같이 시험을 받으신
이로되 죄는 없으시니라
그러므로 우리는 긍휼하심을 받고
때를 따라 돕는 은혜를 얻기 위하여
은혜의 보좌 앞에
담대히 나아갈 것이니라

히브리서 4장 15-16절

야곱아 너를 창조하신 여호와께서
지금 말씀하시느니라
이스라엘아 너를 지으신 이가
말씀하시느니라
너는 두려워하지 말라
내가 너를 구속하였고
내가 너를 지명하여 불렀나니
너는 내 것이라

이사야 43장 1절

보라
인내하는 자를 우리가 복 되다 하나니
너희가 욥의 인내를 들었고
주께서 주신 결말을 보았거니와
주는 가장 자비하시고
긍휼히 여기시는 이시니라

야고보서 5장 11절

위로의 말씀을 만나다

초판 1쇄 발행 2014년 3월 10일

펴낸이 고영은 박미숙

펴낸곳 뜨인돌출판(주) | 출판등록 1994.10.11(제2011-000185호)

주소 121-896 서울시 마포구 성미산로 6길 45 | 대표전화 02-337-5252 | 팩스 02-337-5868

ISBN 978-89-5807-510-3 00230 | CIP제어번호 : CIP2014005911